|栽培の教科書シリーズ|

# コケリウム

コケでつくる
はじめてのテラリウム

introduction

自然が豊富な森へ足を踏み入れると、
生き生きとした緑と澄んだ空気に包まれ、心がリフレッシュする。
緑のなかには小さくても懸命に生きるコケがたくさん。
この小さな息吹を、暮らしのなかで感じてみよう。

日本には2千種類以上のコケ植物が自生している。川沿いの岩や木の樹皮、庭の土や道端など、さまざまな場所で生きている。適した環境にあわせてコケは棲み分けを行っているのだ。種類の特徴を知って、上手に育ててみよう。

# CONTENTS

### Chapter1

## コケのアレンジ ……………………………………………… 008

- ボトルアレンジ ……………………………………………… 010
  - ・ボトルアレンジの作りかた ……………………………… 014
- 小さな器のアレンジ ………………………………………… 020
  - ・小さなコケアレンジの作りかた1 ……………………… 024
  - ・小さなコケアレンジの作りかた2 ……………………… 038
- 苔玉のアレンジ ……………………………………………… 040
  - ・苔玉アレンジの作りかた ………………………………… 042
- 本格テラリウムアレンジ …………………………………… 048
  - ・アクアテラリウムの作りかた …………………………… 062

### Chapter2

## コケ植物を知ろう …………………………………………… 064

- コケってどんな植物？ ……………………………………… 066
- コケ植物の分類 ……………………………………………… 068
- コケのライフサイクル ……………………………………… 072
- コケの観察に出かけよう …………………………………… 074

### Chapter 3

# コケの図鑑 20 …………………………… 078

| | | | |
|---|---|---|---|
| シラガゴケ | 080 | カマサワゴケ | 102 |
| ハイゴケ | 082 | コカヤゴケ | 103 |
| スギゴケ | 084 | ミズキャラハゴケ | 104 |
| スナゴケ | 086 | ミズゴケ | 105 |
| シノブゴケ | 088 | ナミガタスジゴケ | 106 |
| シッポゴケ | 090 | カヅノゴケ | 107 |
| タマゴケ | 092 | ゼニゴケ | 108 |
| ホウオウゴケ | 094 | ジャゴケ | 109 |
| ヒツジゴケ | 096 | | |
| フジノマンネングサ | 098 | ・地衣類とは | 110 |
| ヒノキゴケ | 100 | ・コケ植物ではないコケ | 111 |
| コツボゴケ | 101 | ・コケリウムに取り入れたい植物 | 112 |

### Chapter 4

# コケの育てかた …………………………… 116

| | |
|---|---|
| 器と道具 | 118 |
| 用土と素材 | 119 |
| コケの入手 | 120 |
| 置き場所 | 121 |
| 植えつけ | 122 |
| 水やりと施肥 | 124 |
| 繁殖の方法 | 126 |

美しくて個性的なコケ植物を暮らしのなかに取り入れてみませんか？
好みの器やボトルなどを利用してコケを育てれば、
かわいいナチュラルなインテリアに。
コケの特性を理解しながら、さまざまなアイディアでアレンジしてみよう。

Chapter 1

# コケのアレンジ

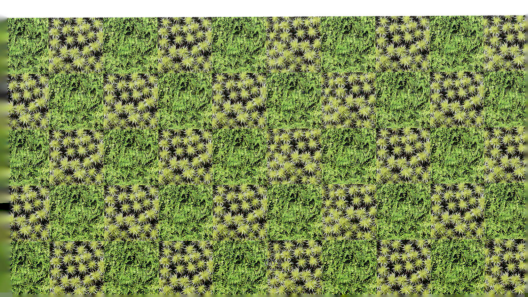

# ボトルアレンジ
#### Bottle Arrange

蓋やキャップなどで密閉できるタイプの器で楽しむコケのアレンジ。高い湿度をキープできるため、ほとんどのコケで手間が少なく栽培できる。シンプルに植えて草姿を楽しんだり、寄せ植えにして風景を楽しんだりしてみよう。

作品制作・小野健吾（ZERO PLANTS）

plants

ヒノキゴケ
オオカサゴケ
シッポゴケ

Arrange /01

# 個性的なコケの姿を楽しむ小さなコレクション

コルクの蓋がついた小さなガラス容器を複数並べるアレンジだ。それぞれの器にはヒノキゴケ、オオカサゴケ、シッポゴケが植えられている。器のサイズは高さがあるので、茎が直立して生長するタイプがおすすめ。小粒のハイドロボールと赤玉土を入れ、十分に湿らせてからコケを植えつける。数本の株をまとめ、根元をピンセットを使って植えるとよい。置き場所は直射日光の当たらない窓辺で。草姿の違いをじっくり楽しもう。

**plants**
ハイゴケ
コウヤノマンネングサ
ゼニゴケ
ホウオウゴケ

Arrange
## 02

# タイプが異なるコケを
# 寄せ植えにしてみる

少し幅広の密閉容器を使ったコケリウム。それぞれ2種類のコケを合わせた寄せ植えスタイルだ。葉のサイズや色、草丈、生長の仕方の違いなどを考慮して、異なるタイプの種類を合わせるとお互いが引き立ってくる。ここでは、地面を匍匐して広がるハイゴケと直立して茎を伸ばすコウヤノマンネングサ、葉状体で横に広がるゼニゴケと羽根のように茎を伸ばすホウオウゴケの組み合わせ。時折蓋を開けて空気を入れかえるとよい。

processe

# ボトルアレンジの作りかた

## [用意するもの]

蓋つきのボトル

ハイゴケ、コウヤノマンネングサ

造形材

アクアソイル

ボトルにアクアソイル、または小粒の赤玉土を入れる。ふるいにかけ微塵を取り除いておくとよい。

2～3cmほどの厚さでソイルを入れたら、表面を平らに整えたあとに霧吹きをして十分に湿らせる。

十分に水を含ませた造形材(造形君)を入れる。ピンセットを使うと作業しやすい。

ソイルの表面を覆うように造形材を入れる。保水効果の高い造形材はコケの栽培に役立つ。

少量のハイゴケを用意。茶色い葉や古い葉、汚れた仮根部分などをハサミでカットしておく。

ピンセットを使ってハイゴケの根元をもち、全体に広がるように配置するとよい。

へらや箸などを使って、コケを整える。とくに器に接する部分は、下向きに軽く押し込むようにする。

次にコウヤノマンネングサを植える。地下茎でカットして2株を用意。枯れた葉は取り除く。

2株のコウヤノマンネングサの根元をピンセットでつまんで、用土に植えつける。

ピンセットを垂直に差し込んだら挟むのをやめ、ゆっくりと抜く。左手でコケを軽く押さえても。

植えつけが終わったら霧吹きを。底に少し水が溜まるくらいまで水やりしておく。

蓋をしたら完成。直射日光の当たらない明るめの場所に。ガラスに水滴がついたら数分蓋を開ける。

# Arrange 03

plants
タマゴケ
マコデス・ペトラ
アネクトキルス sp.
コケモモイタビ

## コケに似た環境を好む
## 植物と一緒に

こんもりとした群生をつくるタマゴケを主役にした作品だ。一緒に植えられているのは、葉の模様が美しいジュエルオーキッド2種類とコケモモイタビ。いずれも水分量が多く、弱い光でも栽培できる植物を選んでいる。そこに小さな枝状の流木を加えて、ナチュラルな雰囲気を演出。コケにはできるだけ小さな植物を合わせたい。

plants
シノブゴケ
フィットニア

# Arrange 04

## 緑色の絨毯のうえに
## 薄桃色の彩りを

蓋つきのガラス容器で育てられているのはシノブゴケとフィットニアのピンクタイガーという品種。黄緑色のシノブゴケが広がるなかで、ピンクの葉色がひときわ引き立つ。用土は常に濡れている状態にして、通常は蓋をしておく。時々換気を行い、コケの先端が徒長してきたらハサミでカットするとよい。

Arrange / 05

**plants**

コスギゴケ
ヒノキゴケ
タチゴケ
ホソバオキナゴケ
シッポゴケ

## コケの風景を楽しみながら
## 小さなボトルで育てる

幅6㎝、高さ10㎝の手のひらサイズのボトルに、姿の異なるコケを寄せ植えして、かわいらしい風景づくり。溶岩石を取り入れたコケリウムには、手前からコスギゴケとヒノキゴケ。細い枝を配置したボトルには、手前からタチゴケ、ホソバオキナゴケ、シッポゴケを組み合わせている。いずれも直立するタイプだが、草丈の違いを利用してうまくレイアウトしている。まずは正面を決め、石や流木を配置し、背の高いコケから植えていく。

# 小さな器のアレンジ
Small Arrange

コケリウムにはさまざまな容器を利用することができ、器選びも楽しい。密閉できないタイプの器はこまめに水やりを行って乾燥させないようにするのがポイント。

作品制作・小野健吾（ZERO PLANTS）＊指定外の作品すべて、
陶 武利（ピクタ）＊Arrange07、平野 威 ＊Arrange10,13

### plants
ホソバオキナゴケ
スナゴケ
コスギゴケ

Arrange / 06

# 小さなビーカーで草姿の違いを愛でる

複数のビーカーに異なるコケを単植して飾ってみよう。ここではホソバオキナゴケ、スナゴケ、コスギゴケ、シッポゴケ、シノブゴケ、タチゴケを植えている。小さな葉をもつこれらのコケたちは、よく見るとまったく表情が異なっていてそれぞれに個性がある。実験している気分で、たくさんのコケを育ててみてもおもしろい。頻繁に水やりできない場合は上部にラップをかけておくとよい。

**plants**
シッポゴケ
シノブゴケ
タチゴケ

Arrange / 07

# あざやかなグリーンで覆われた
# コケの小島をつくる

plants

ホソバオキナゴケ
ガジュマル
ゴクヒメセキショウ

ライトグリーンの葉が美しいホソバオキナゴケをメインに使って、緑豊かな小島をつくる（制作方法はP.24〜25参照）。ポイントはコケの貼りかたで、伸びた茎の先端をカットして植えつけている。コケは用土のすべてを覆わず、白い化粧砂を入れて小さな島のイメージに。また根上がり風のガジュマルは南国の雰囲気満載。適度に葉刈りをしてから植栽した。作品全体をガラスケースに入れておけば、急な乾燥を防げて管理がとても楽になる。

コケの植栽をガラスケースのなかで管理。常に適度な湿度が保たれ、コケの育成にもよい。

白ヤギの小さなフィギュアを岩の上に。またひと味違った世界観が広がってくる。

processe

# 小さなコケアレンジの作りかた1

[用意するもの]

トレー　　造形材　　アクアソイル　　珪砂

溶岩石

ホソバオキナゴケ

ガジュマル、ゴクヒメセキショウ

ホーロー製のトレーをアレンジの器として利用。アクアソイル、または赤玉土の小粒を入れる。

適度なサイズの溶岩石をひとつ使う。完成をイメージしながら置き場所や角度を考える。

石の隣にガジュマルを配置。正面から一番よく見える角度で。葉の量が多かったので葉刈りした。

ガジュマルのビニールポットをはずして植え込む場所に置く。根鉢は崩さずに植え込む。

保湿性が高くコケの育成に優れた造形材(造形君)をガジュマルの根元から貼りつけていく。

アクアソイルの表面をすべて造形材で覆う。造形材は十分に水に浸してから使用する。

ゴクヒメセキショウの株分け。小さな株を細かく分けて植えることで、広い空間をイメージさせる。

ゴクヒメセキショウはガジュマルの株元に。ピンセットを使って植えつける。

セキショウを植栽した様子。ガジュマルの魅力的な株元を強調するように配置した。

次にコケの植えつけ。ホソバオキナゴケを用意。横から見ると茎が直立して伸びているのがわかる。

先端部分を残して、下部の茶色い部分や仮根を、ばっさりハサミで取り除く。

コケの先端部分を植える。数本をまとめてピンセットでつかみ、株元を土に押しつけるように。

溶岩石やガジュマルの周辺をホソバオキナゴケで覆う。緑色の小さな島のようなイメージ。

珪砂を化粧砂として敷き詰める。ホソバオキナゴケのグリーンがより引き立てられる。

霧吹きをして水やり。ガラスケースのなかで管理すると、手間をかけずにコケを育成できる。

タマゴケ
シッポゴケ
プテリス
スナゴケ

Arrange
08

## 球形のガラス容器に
## 表現された緑豊かな苔庭

丸いドーム状のガラス容器に表現された、小さなコケの庭。コケやその他の植物を植える場所には赤玉土と造形材を入れ、手前には色とサイズの異なる砂利を用いて見た目の変化をつけている。ひとつはタマゴケとシッポゴケの組み合わせ。どちらもやわらかな葉が印象的で高い湿度を好むタイプ。もう一方はスナゴケと溶岩石だけでつくられている。こちらはやや強めの光を好むタイプだ。水切れに注意して管理を。

plants

ホソバオキナゴケ
スナゴケ
ミューレンベッキア

Arrange /09

# 個性的な器にあしらう 小さなコケの世界

茎と葉、仮根で成り立つコケの体はとても小さく、葉の形状はルーペなどで拡大しないとよく見えないほど。コケはその個体が寄り集まってコロニーをつくって生きている。小さな植物だからこそ、とても小さなアレンジが可能で、ちょっとしたスペースにも飾ることができる。しずく型の小型容器のなかに、ホソバオキナゴケとスナゴケをあしらい、砂利や白い砂も入れて演出。どちらも直立タイプだが、草丈は低く葉も小さいのが特徴だ。

Arrange / 10

## コケの草原が広がるかわいいテラリウム

上部が開閉できるガラス容器を用いたテラリウム。赤玉土を底に入れたら、アオハイゴケを着生させた天然石を2つ配置。その後造形材を敷き詰め、ホソバオキナゴケで覆っている。石と石のすき間やへりにヒメカナワラビやピレアを植え、つる性のマメヅタを配置した。高低差のある小さな草原の完成だ。ガラス面が曇る場合はしばらく蓋を開けておく。

**plants**
ホソバオキナゴケ
アオハイゴケ
ヒメカナワラビ
マメヅタ
ピレア・ヌンムラリフォリア

**plants**

コスギゴケ
タチゴケ
シッポゴケ
シノブゴケ
タマゴケ
ヒメカナワラビ

Arrange / 11

# 豊富なコケを集めて飾るハンギングスタイル

コケで覆われた緑あざやかな空間が、小さく切り取られて宙に浮かんでいる。球状のガラス容器にあしらわれたハンギングスタイルのコケリウムだ。小さな溶岩石と細かな枝流木を配置しながら、草丈や葉色の違う複数のコケをうまく組み合わせてナチュラルな風景をつくり出している。用土には小粒の赤玉土と造形材を使用。ヒメカナワラビなど、小さなシダ植物もコケリウムと相性がよい。窓辺でも直射日光が当たらない場所に設置しよう。

## Arrange 12

# 涼しげな高原を連想させる
# 高さを生かしたレイアウト

円柱形のガラス容器(幅15×高さ20cm)につくり込まれたコケの風景。小粒のハイドロボールと赤玉土、造形材を順に入れ、背面に流木を配置。広い前面のスペースには明るいグリーンが魅力のスナゴケが生長している。後景には、背が高く比較的大型のヒノキゴケとプテリス、アスパラガスを植えている。コケリウムに合わせる観葉植物は、葉や茎が細く繊細な雰囲気の種類を選ぶとマッチする。スナゴケは生長したら上部をカットして植え直すとよい。

**plants**
スナゴケ
ヒノキゴケ
プテリス・ムルチフィダ
アスパラガス

**plants**
ホソバオキナゴケ
マメヅタ
トキワシノブ
ピレア・ヌンムラリフォリア

Arrange /13

## 石と流木を配置して
## コケの風景をつくる

コケリウムのなかで栽培しやすいコケの代表がホソバオキナゴケだ。乾燥にも耐え、光の弱い場所でも育成できる。そのホソバオキナゴケをメインにしたアレンジがこちら。意図的に段差をつくった地表に石と流木をあしらって自然感のあるアレンジに。流木にはマメヅタを巻きつけている。底床にはアクアソイルと造形材を使用した。

**plants**
タマゴケ
スギゴケ
シッポゴケ

Arrange
14

# 山の斜面を覆う
# 生き生きとしたコケ

幅15cmのキューブ型容器に表現されているのは、山の斜面をイメージさせる風景だ。小粒の赤玉土を傾斜をつけるよう入れ、天然石を配置。さらに造形材で表面を覆うことで安定した土台が得られる。コケはスギゴケとタマゴケ、シッポゴケを使用した。明るい日陰で管理し、適宜足し水を行うか、上部にラップをかけて管理するとよい。

Arrange / 15

## シンプルにコケの風景を味わう

ホソバオキナゴケの群落をそのまま配置したシンプルアレンジ。そこに形が気に入った流木を入れ、その足もとにシダ植物のトキワシノブをピンセットで植え込むだけ。水を切らさないように管理し、コケの茎が伸びて窮屈になってきたら、先端をハサミでカットして、赤玉土などに植え直すとよいだろう。

ホソバオキナゴケ
トキワシノブ

Arrange / 16

# 岩場をイメージした ナチュラルインテリア

苔むした山のなかを連想させるコケリウムだ。複数の天然石を組み合わせて高低差をつくり、シッポゴケやシノブゴケを配置。岩のすき間からシダが芽吹いているようにヒメカナワラビを植えつけ、上部には多湿を好む多肉植物ハチオラ・サルコニオイデスを植栽した（制作方法はP.38～39参照）。じっくりと眺めていたい作品だ。

**plants**
シッポゴケ
シノブゴケ
ヒメカナワラビ
ハチオラ・サルコニオイデス

*processe*

# 小さなコケアレンジの作りかた2

## [用意するもの]

ガラス容器

吸水性スポンジ

シノブゴケ

シッポゴケ

天然石

造形材

アクアソイル

ハチオラ、ヒメカナワラビ

円柱形のガラス容器（幅20×高さ20cm）を用意し、アクアソイルを厚さ2〜3cmほど入れる。

天然石を配置していく。高低差をつけるため、石は高く積み上げていくイメージ。

テラリウムの植物植栽用に開発された吸水性スポンジ（植えれる君）を背後に配置する。

カットした吸水性スポンジを2つ置く。これで容器の上部にまで水を送ることができる。

天然石を積み上げる。あとで崩れないように、なるべく安定した配置を心がける。

石組みができたら、さらにアクアソイルを入れていく。石と石のすき間にも。

水に浸した造形材（造形君）を入れる。石のすき間に入れることで安定し、植物も植えられる。

石の表面以外をすべて造形材で覆う。あらかじめコケを貼る場所や植物を植える場所を考えておく。

小さなシダ植物のヒメカナワラビを石の端に植え込む。自然と生えてきているような雰囲気で。

ヒメカナワラビを３カ所に配置。不等辺三角形の位置関係で植えるとより自然感が得られる。

石組みの上にできたスペースと石のすき間に、丈夫で扱いやすいシノブゴケを配置する。

多湿の環境を好む珍しい多肉植物、ハチオラ・サルコニオイデスを後景として植える。

前面にある広いスペースには、シート状に育成させたシッポゴケをそのまま使用する。

適切なサイズのコケを配置したあと、ガラス面とのすき間に、へらで押し込むようにして整える。

最後に十分な水やりを。水は底に１〜２cmほど溜まるぐらいにして明るい日陰で管理する。

# 苔玉のアレンジ
## Moss Ball Arrange

苔玉はコケで楽しむ園芸の代表的な存在。古くは樹木を移動する際、乾燥を防ぐ目的で根にコケを巻いたのがはじまりだとか。小型の観葉植物や盆栽植物、水辺の植物など、好みの植物を選んで苔玉をつくってみよう。

作品制作・平野 威

plants

ハイゴケ
ホソバオキナゴケ
ヒポエステス
ペペロミア
フィカス・プミラ

Arrange 17

## いろんな植物でつくりたい
## 並べて楽しむ苔玉

苔玉に使用するコケは比較的乾燥に強く、草丈が高くならないタイプが適している。ハイゴケやシノブゴケ、ホソバオキナゴケがよく利用される。ここではフィカス・プミラとヒポエステスのコケにハイゴケを、ペペロミアのコケにホソバオキナゴケを使用した。横長の器に白い砂利を敷き、3つを並べて、その個性の違いを楽しんでみる。器の底に少し溜まるくらいに水を入れておき、こまめに霧吹きして管理したい。

processe

# 苔玉アレンジの作りかた

## [用意するもの]

赤玉土　　ケト土　　ハイゴケ　　ペペロミア　　木綿糸

水を含ませてよく練り込んだケト土を使用する。手のひらの上に平たく広げる。

ケト土の上に小粒の赤玉土を入れる。植物の根全体を赤玉土で覆うためだ。

ケト土を丸い器状にして、根を整理したペペロミアを植える。植物は水耕栽培されたものが扱いやすい。

ケト土を伸ばすようにして根を包む。赤玉土が表面に出てこないようにしっかりと。

手でまん丸に成形。作品によっては三角型にしたり、円柱型にするなどアレンジ可能。

コケはシート状のハイゴケを使用。苔玉にもっとも利用される匍匐性の種類だ。

シート状のコケを下から上に向けて、ケト土を包み込むようにして全体を覆う。

コケをケト土に押しつけるようなイメージで、ぎゅーっと握って形を整える。

緑色か黒色の木綿糸でコケを巻きつける。少しずつ苔玉の位置を動かしながら巻いていくとよい。

糸を軽く巻くラフなスタイルもあるが、きれいな丸い苔玉をつくるなら、しっかりきつく巻きつける。

ぐるぐると糸を巻きつけてコケが安定したら、糸を結んでほつれないようにしておく。

最後にはみ出したコケの葉をハサミでカット。十分に吸水させてから、明るい日陰に飾る。

Arrange 18

# クロマツの枝ぶりを味わう苔玉

盆栽でよく使われるクロマツの小さな苗を苔玉仕立てに。ぐるりと曲がった枝ぶりが強調された愛らしい和風のアレンジだ。コケは一般種のハイゴケを使用。コケが乾かないように水を切らさず、日がよく当たる窓辺で管理するとよいだろう。コケの先端が黄色く枯れてきたら、こまめにカットする。

**plants**

ハイゴケ
クロマツ

Arrange / 19

# トクサの直線的な美しさを生かして

**plants**
ハイゴケ
オオトクサ
ハツユキカズラ

湿性植物のオオトクサと、丈夫で栽培しやすいハツユキカズラを合わせた苔玉。まっすぐに伸びる直線的なトクサと丸いコケの対比が美しく、さらに葉色と模様が独特なハツユキカズラもよいアクセントになっている。日当たりのよい場所で水を切らさずに育てる。和の繊細な趣を感じさせるナチュラルインテリアだ。

Arrange / 20

# より手軽な苔玉で
# 長期栽培を楽しむ

植栽用の吸水性スポンジ（植えれる君）と造形材（造形君）を使用してつくっている苔玉だ。吸水性スポンジを円柱状にカットし、中央部分を少しくりぬき、造形材で根元を覆い、最後にハイゴケを巻いた。小さく仕立てたネペンテスやタマシダ、ミクロソラムなど、湿潤を好む植物をセレクト。器の底に少し水を溜めておけば、上部まで水を吸い上げてくれるので、コケや植物は常に生き生きとしている。

大きな葉を展開させたネペンテス。葉の根元を少し残して思いっきりカットすれば、新芽が生え、小さく仕立てることができる。

plants

ハイゴケ
ネペンテス・アラータ
タマシダ "ダッフィー"
ミクロソラム・ディベルシフォリウム

# 本格テラリウムアレンジ
## Full Scale Terarium Arrange

水槽や専門のガラスケースでつくる本格的なテラリウム。おもに湿った環境を好む熱帯雨林植物を取り入れたスタイルは「パルダリウム」とも呼ばれ人気を博している。そこに不可欠になるのがコケの存在。種類の特性を把握して、すてきな風景づくりに役立てよう。

作品制作・小野健吾（ZERO PLANTS）＊Arrange21、青木真広（アクアステージ518）＊Arrange22〜24、廣瀬泰治（ヒロセペット谷津店）＊Arrange26〜28

Arrange / 21

## 奥深い森の風景を
## 専用ケースでつくり込む

密閉性の高い専用のガラスケースのなかに再現された苔むした世界。複数のコケと多彩な植物で彩られたパルダリウムだ。底にハイドロボールを敷き、複雑な形の流木を谷型の構図で配置。底面や背面に造形材（造形君）を入れ、手前にはシノブゴケ、背面にはタマゴケやホソバオキナゴケなど、複数の種類を植えつけた。その他の植物とともに、多様な自然環境を切り取ったかのような作品になっている。

**plants**

シノブゴケ
シッポゴケ
カマサワゴケ
ホソバオキナゴケ
コスギゴケ
タマゴケ
ベゴニア・オケラータ
ヒメカナワラビ
タマシダ "ダッフィー"
ペペロミア・ペルキリアタ
フィカス・プミラ "ミニマ"
トキワシノブ

前面と上部が開閉できるようになっているガラスケース（ベースボックス／ZERO PLANTS）。

Arrange
## 22

**plants**
カヅノゴケ
ウィローモス
キューバパールグラス
アヌビアス・ナナ "プチ"

# あざやかな緑が息づく
# 小さな水辺の世界

幅20cmの縦長水槽を利用して水辺をつくったアクアテラリウム。複数の流木を組み合わせたレイアウトの骨組みに、小型の水中ポンプを背後に設置し、分水して上部から水を流して循環させている。陸上部分にはあざやかなライトグリーンの細かな葉が広がるカヅノゴケ（リシア）を配置。水がより流れる部分には南米ウィローモス、水中と陸の境目にはキューバパールグラスを植栽した。水中にはアヌビアス・ナナ・プチを植え、いずれも葉が細かく小さなものをセレクトしている。魚も小さなアフリカンランプアイを泳がせ、涼しげな雰囲気を演出。

Arrange / 23

# 豊かな自然が広がる
# 小さな森のなか

まるで緑が豊富な森のなかに迷い込んでしまったかのようなアクアテラリウムだ。30cmのキューブ水槽に、流木を複雑に組み上げ、陰影をつけるような形で流木の出っ張り部分にカヅノゴケ（リシア）を配置している。そのほか、ホウオウゴケやマメヅタなども取り入れて植栽に変化をつけているのも特徴だ。水は小型の水中ポンプで汲み上げ、分水器によって上部の数カ所から水が流れ落ちるシステム。しっかり全体に水が行きわたるように計算され、植物が配置されている。カヅノゴケをより美しく見せるためのレイアウトになっている。

plants

カヅノゴケ
ホウオウゴケ
マメヅタ

# Arrange 24

# 密閉環境で育てる
# レインフォレストプランツ

密閉タイプのガラス容器を使った、緑豊かなパルダリウム。熱帯雨林などにに自生する水分を好む植物（レインフォレストプランツ）を育てる専用のケースを使用した。底砂には小粒のアクアソイルを入れ、器の背面には植物の植栽が可能な造形材と流木を組み合わせて、凹凸をつくっている。底面には葉の網目模様が美しいジュエルオーキッドを植えて、この作品の主役に。さらにハイゴケで地面を覆い、タマシダを植えている。複雑な地形の背面には、マメヅタやホウオウゴケ、カヅノゴケ、キューバパールグラスなどが植栽され、緑豊かな壁面に仕上がっている。

### plants

ハイゴケ
カヅノゴケ
ホウオウゴケ
キューバパールグラス
タマシダ
マメヅタ
ジュエルオーキッド

植栽を上から見たところ。流木を使うことによって自然な雰囲気のレイアウトに仕上がっている。

ガラス容器の前面には、細かなメッシュの通気口があり、小さな両生類なども飼育できるつくりになっている。

エピウェブ（Epiweb）は植物着生用のスポンジ。パルダリウムのバックパネルなどに使われる。

ハイグロロン（Hygrolon）は、保水性・吸水性に優れたナイロンファイバー素材のシート。

シンシック（Synthic）は、保水力が高い人工の水苔。腐らず、衛生的で扱いやすい。

Arrange / 25

# 人工素材を利用したコケ壁レイアウト

### plants
南米ウィローモス
ヘミグラフィス sp.
クリプタンサス "ノビスター"
ネオレゲリア
ピペル sp.
コケモモイタビ
ブレクナム "シルバーレディ"
チランジア・レイボルディアナ・モラ
グズマニア・テレサ
ヒメイタビ
フィットニア

湿度を保つことができる専用のガラスケースに、天然素材のほかに人工の素材を駆使して、複雑な地形をつくっているパルダリウム。エピウェブ、ハイグロロン、シンシックという3種の人工素材を組み合わせて、長期的に植物を育てやすいバックパネルに仕上げている。その壁一面に広がるウィローモスは見事だ。幅30cmのケースには枝流木や黒軽石を配置。ウィローモスのほか、ヘミグラフィス、クリプタンサス、ネオレゲリア、ピペル、ブレクナム、グズマニア、フィットニア、チランジアなどを導入。いずれも状態よく生長している。

Arrange / 26

# 熱帯ジャングルの一部を小さく切り取って

熱帯雨林のジャングルを思わせるテラリウムだ。ゴツゴツとした岩肌にスキンダプサスやフィカスなどのつる性植物のほか、トキワシノブなどのシダ植物、さらに葉の形状や色彩が特徴的なペペロミアなどが寄せ植えされている。ところどころにヒツジゴケが配され、苔むした密林を連想させる。造形材を背面に張りつけ中央の空間をあけているのがポイントだ。そこから光が入り込み、奥行き感が生まれると同時に、洞窟の入口のような風情をも生み出している。枝状流木は左から右に流れるように配置させ、植物はおもにその流れに沿うように植栽させている。

**plants**

ヒツジゴケ
スキンダプサス
トキワシノブ
タマシダ
ペペロミア
フィットニア
フィカス・プミラ

Arrange / 27

# 宙に浮かぶ苔むした孤島

**plants**
ウィローモス
トキワシノブ
ヘアーグラス
ウオータースプライト
ロタラ・インジカ
グリーンロタラ

斬新なアイディアで空想の世界を表現したアクアテラリウムだ。水中と陸上が完全に切り離され、水が豊富でコケの緑で覆われた奇妙な島は宙に浮かんで見える。島に見立てた流木は、後ろに金具のフックを取りつけ、水槽の縁にかけているというトリック。さらに水中ポンプで汲み上げた水を背後から流し水槽のなかに落としている。幅25cmの小型水槽で表現された不思議な世界。独創的な発想と工夫が際立つアレンジだ。

Arrange / 28

# 心地よく水が流れるアクアテラ

**plants**

ハイゴケ
トキワシノブ
タマシダ
ミューレンベッキア
フィカス・プミラ
ソフォラ・ミクロフィラ "リトルベイビー"
ロタラ・インジカ
エキノドルス・テネルス
ミクロソラム

和の趣を感じさせる、涼しげなアクアテラリウム。幅30cmの小型水槽でも本格的なテラリウムが楽しめる見本といえる。植栽の派手さはないが、その代わりに造形の美しさが際立っている（制作方法はP.62〜63参照）。陸上部分の水が流れる部分にはハイゴケを使用。そのほかトキワシノブ、タマシダ、フィカス・プミラ、ロタラ・インジカ、エキノドルス・テネルスなど、すべて小さな株を使用して、広い世界を再現している。

processe

# アクアテラリウムの作りかた

[用意するもの]

水槽

底面フィルター

ブランチチューブ　　流木

溶岩石

アクアソイル

ハイゴケ

観葉植物各種

30cmキューブ水槽に底面フィルターとポンプ、テラリウム専用のブランチチューブを取りつける。

メインの土台となる大きな流木を配置。左上から右手前に水が流れてくるイメージ。

滝の水がちょうどよい角度で流れるように、他の流木を組み合わせる。ビス止めをして固定する。

水の流れを受け止める部分が完成。水を溜める水位は、水槽の半分ぐらいを想定している。

ブランチチューブを流木の背後でビス止めし、滝の上部でカット。流木と同じ色合いなので目立たない。

頂上付近からも水が流れるように、チューブの一部をカットする。植物を潤す水になる。

専用ソイル(ブルカミアテラ)を5cmぐらいに厚めに敷き、水を注ぎ入れ、ポンプを作動させる。

流木の頂上付近からハイゴケを貼る。コケによって水の流れを誘導することができる。

あざやかなハイゴケが流木の表面を覆う。葉が長い部分ははさみでカットしておくとよい。

トキワシノブやタマシダ、ワイヤープランツ、ソフォラなどを配置。根はすべて乾燥水苔で巻いている。

水中部分には大小の溶岩石を配置して、ロタラ・インジカやエキノドルス、ミクロソリウムなどを植えた。

よく目立つ白メダカを入れて完成！ 和の雰囲気を感じさせる涼しげなアクアテラリウムだ。

コケと呼ばれる植物には分類学上の定義がある。
その特徴や生態の仕組みを知ることで、種類を区別することができる。
コケが気になりはじめたら、ルーペをもってミクロの世界を観察しよう。

Chapter 2

# コケ植物を知ろう

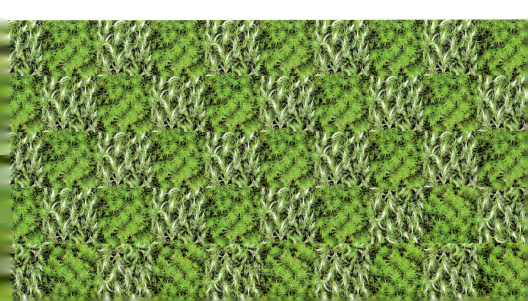

コケ植物を知ろう

湿った場所を好むコケ。小さなからだを寄せ集めて群落をつくって生活する。

Point
01

## コケってどんな植物?

湿度の高い場所でコロニーをつくって生活しているコケ植物。
乾燥してもすぐには枯れず、休眠して耐える能力もある。

　コケ植物（総称）は、世界中で約2万5000種が知られている。花を咲かせない胞子植物であり、なおかつ維管束をもっていないという特徴がある。土から水分や養分を吸い上げる維管束をもたず、簡素なからだの構造をしているため最も原始的な植物群とされている。おもに葉と茎だけで成り立っていて一般的な根ではなく、仮根を生やすが、これはからだを固定させるのが目的で、水などを吸収する働きはない。コケ植物の多くは小型で、高さは大きくても数センチ程度。水分は葉から吸収するが、ほとんどの種は葉を構成する細胞が1層だけで、とても薄くて乾燥に弱い。したがってコケの多くは寄り集まって群落をつくり、より広い範囲で水を受け止めようとしているのだ。

　コケ植物はおもに地上や岩上または樹皮などに着生して生育する。一般に湿った環境を好み、霧に覆われていることの多い森林では、多彩な種類が見られ、地表や木の幹にマット状に一面にコケが着生することがある。コケ植物の水分吸収は土中からではなく、空気中に蒸気として存在する水分を利用して行っている。このため空中湿度の高い場所、直射日光の当たらない場所に好んで生育しているのだ。また、湿度の高い環境下では葉から水分を吸収して光合成も行うが、湿度が下がって乾燥すると、その環境に対応する能力もある。自らも乾燥し、生命活動をいったん停止して休眠状態に入る。乾燥時は休眠してやり過ごし、再び水分が得られると水を吸収して光合成を再開する。

コケと同じ胞子で殖えるシダ植物は、水分や養分を吸い上げる維管束をもっている。

コケによく似た地衣類。藻類を共生させた菌類で、コケ植物とはまったく異なる。

スミレモなどの藻類は陸上または水中で根をもたず、光合成を行って生育している。

## 植物のなかのコケ

植物
├─ 胞子植物（胞子を飛ばして繁殖し、花を咲かせない植物）
│   ├─ シダ植物（維管束をもつ胞子植物）
│   └─ コケ植物（維管束をもたない胞子植物）
└─ 種子植物（タネで繁殖し、花を咲かせる植物）
    ├─ 裸子植物（タネになる胚珠が子房に包まれていない種子植物）
    └─ 被子植物（タネになる胚珠が子房に包まれている種子植物）

### コケの特徴
1. 光合成を行う
2. 胞子で殖える
3. 維管束をもたない
4. 根をもたない（仮根を備える）
5. 水けのある場所を好む

## コケのからだ

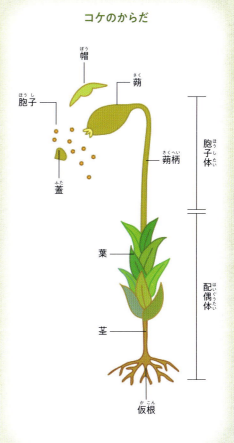

胞子／帽（ぼう）／蒴（さく）／蒴柄（さくへい）／蓋（ふた）／胞子体（ほうしたい）／葉／茎／配偶体（はいぐうたい）／仮根（かこん）

コケ植物を知ろう

# コケ植物の分類

かつては三つのグループに分けられていたコケ植物(現在はそれぞれが独立した門となっている)。それぞれの特徴を知れば、おおよその種類の見分けができるようになる。

　コケ植物はかつて蘚類、苔類、ツノゴケ類に分けられる一つの門とされていたが、現在はそれぞれが独立した門となっている。つまりコケ植物という名称は、異なる植物の総称である。本書では便宜上従来のコケ植物という名称を使用している。

　マゴケ植物門(旧蘚類)は種数がコケ植物のなかで最大だ。からだは、茎と葉が明確に分かれている。スギゴケのように茎が直立して生長するタイプのほか、ハイゴケのように茎が横に匍匐して広がるタイプがある。葉は茎に螺旋状につくことが多い。葉の形はさまざまだが、中央に中肋という筋があり、鋸歯があるものとないものがある。胞子体は頑丈で、蒴の先端にある蓋が外れることで胞子が放出される。

　ゼニゴケ植物門(旧苔類)は、ゼニゴケやカヅノゴケなど一部の種がコケリウムで使われる。茎と葉の形がはっきりした茎葉体のほか、平たい葉が広がる葉状体がある。葉に中肋はなく、形は丸味があり、ギザギザや深い切れ込みがあるものなど多彩だ。胞子体は脆弱で、蒴が四つに裂けてそこから胞子を出すものが多く見られる。

　ツノゴケ植物門(旧ツノゴケ類)は種類が少なく、コケリウムでも使用されることはほとんどない。からだの構造は、茎と葉の区別のない葉状体で、ラン藻類が共生するのが特徴だ。胞子体は細長いツノ状で、熟した蒴は二つに裂ける。このツノ状の蒴が伸びていないと見つけるのが難しい。

# マゴケ植物門

茎が直立して葉を展開させるスギゴケ。

茎が這って広がるタイプのハイゴケ。

直立タイプ

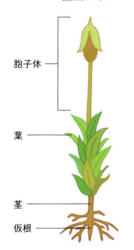

匍匐タイプ

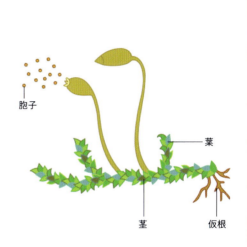

葉の構造

胞子体の構造

コケ植物を知ろう

# ゼニゴケ植物門

葉と茎の区別がない葉状体のゼニゴケ。

茎葉体のヤマトコミミゴケ。

### 葉状体

無性芽器（むせいがき）
腹鱗片（ふくりんぺん）
仮根

### 茎葉体

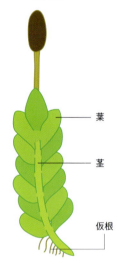

葉
茎
仮根

### 葉の構造〈腹側〉

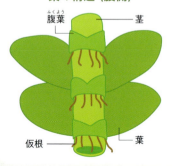

腹葉（ふくよう）
茎
仮根
葉

### 胞子体の構造

胞子
弾糸（だんし）
蒴（さく）
蒴柄（さくへい）

# ツノゴケ植物門

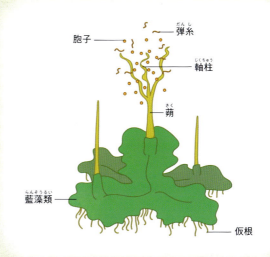

## Column: 耐えに耐えて水を待つコケ

乾燥したタマゴケは縮れた葉に。

霧吹きするとすぐに葉が展開する。

コケ植物は水けの多い湿った場所が大好き。湿度の高い環境のもとでは葉はあざやかな緑色で、水分を吸収しながら生命維持活動を行っている。ところが、湿度が下がって乾燥すると枯れるのではなく、自らも乾燥して生命活動を停止し、休眠状態に入る。乾燥した葉は種類によって縮れたり、色を黄色く変化させたりする。そして再び水分が得られると、すぐにスイッチが入り水を吸収して元の姿に戻るのだ。気温の高い夏や乾燥しやすい冬などは、乾燥して色あせているコケを見かけるが、休眠中なので霧吹きして水を与えると本来の美しい姿を見せてくれることが多い。

コケ植物を知ろう

Point 03

オオシラガゴケ（左）とカマサワゴケ（右）の無性芽。コケ植物は胞子以外でもこうした栄養繁殖で随時個体を殖やしていく。

# コケのライフサイクル

**コケがあらゆる場所に生息できる理由は、胞子をつくる有性繁殖のほか、無性的に繁殖することができるため。**

　コケ植物は極端に水分量の少ない砂漠などを除いて、地球上のあらゆる地域に広く分布している。これは植物体が小さく胞子で殖える植物で、さらに胞子以外にも無性的に繁殖するいろいろな機構を備えているためだ。

　配偶体がある程度生長すると、その上に造卵器と造精器が形成され、それぞれ卵細胞と精子がつくられる。その後雨水などによって精子が造卵器のなかにたどり着き、卵細胞と受精する。そして配偶体に栄養を依存しながら発達し、胞子体を形成するのだ。胞子体の先端には蒴をつけ、ここに無数の胞子が入っている。成熟すると胞子が放出され、飛んできた場所が生育に適している環境であれば、そこで発芽し、はじめは枝分かれした糸状の原糸体を形成する。葉緑体をもつ原糸体が伸びると、その上に植物体が発達をはじめ配偶体に生長する。配偶体は種類によって雌雄同株、または雌雄異株がある。

　このほか、自分の無性芽などを分離させ、受精しなくても繁殖させる方法も行っている。この栄養繁殖は有性繁殖よりも短期間で確実に個体を増やすことができ、群落をつくりやすいというメリットもある。

胞子
胞子体
雌株

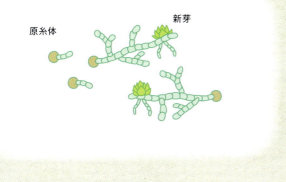

小型のルーペはコケ観察の必需品。葉や蒴の形状がよくわかる。20〜30倍のものがおすすめ。

小型の霧吹きも持参するとよい。乾燥したコケに水をかけ、状態のよいコケを観察しよう。

Point /04

# コケの観察に出かけよう

たくさんのコケを観察するなら、環境の変化に富んだ山地がおすすめ。
街中でもいろんなところに目を向けると、多彩なコケが発見できる。

　コケはじつに幅広い場所に生息している。そのなかでも森林は空中湿度が高く、コケの生育に最も適した場所で、生息している種類も多い。観察に出かけるなら、やはり森林がおすすめだ。林床や樹幹、倒木、岩場、崖、渓流、滝の周辺など、森林内の環境が変化に富んでいるほど、多彩なコケに出会うことができる。

　また、標高によっても観察できるコケは異なる。たとえば、標高500m前後の低山ではハイゴケやタマゴケ、ホソバオキナゴケ、スナゴケなど、標高がさらに高い場所では、シッポゴケやセイタカスギゴケ、シモフリゴケなどが見られる。

　季節は春〜初夏、または秋の紅葉の時期が適している。また気候も大切で、美しいコケを見るには、雨が降った翌日が最適だ。

　コケを見つけたら、ルーペを使ってより細かく観察してみよう。ルーペはコケ観察の必需品。20〜30倍ぐらいのものを利用すると便利だ。肉眼ではわかりにくい小さな葉や蒴の形状などがよくわかり、種類の判別に役立つ。観察するポイントは、葉の形や大きさ、葉のつきかた、中肋の有無や状態、仮根の様子、蒴の形状、蒴柄のねじれなど多岐に及ぶ。生育していた環境も重要な指標となるので、着生しているものや日当たり、湿度の状態なども見ておこう。

　このほか、携帯用の小さな霧吹きをもっていくとよい。乾燥しているコケでも水を与えて、状態のよい姿を観察することができる。服装は登山と同じで、トレッキングシューズを履いてリュックを背負い、食料や雨具、防寒着、地図などを忘れずに。

　コケの観察は、自然が豊富な山に行かなくても、身近な街中でも楽しむことができる。

## コケ植物を知ろう

渓流の岩にはとくに水辺を好む種類が着生する。石つきなどにも利用できるアオハイゴケ。

岩場で小さなコロニーをつくるスナゴケ。雨上がりの午前中がコケの観察に最も適している。

スギの樹皮に群落をつくるホソバオキナゴケ。

比較的日当たりのよい場所を好むネジクチゴケ。

通称「アーバンモス」と呼ばれる丈夫なコケが各所で生活している。通勤中の道端や庭先、路地裏など、近所のコケを探してみると、意外といろいろな種類のコケが自生しているのがわかる。

コンクリートの地面や塀、側溝には、ギンゴケやハリガネゴケ、ハマキゴケ、ホソウリゴケなどが観察できる。影ができる歩道橋の下などを探してみるとよいだろう。また公園などに行くと、半日陰の土の上にはコツボゴケやフデゴケ、タチゴケなどに出会えることも。より身近な民家の軒下では、ゼニゴケがよく見られる。

アーバンモスは乾燥に耐える種類が多いため、普段は葉が縮れ色がくすんでいることが多いので、なるべく雨上がりに出かけるのがベスト。夏の炎天下ではコケの状態もよくないので観察は避けたほうがよい。

山地や街中のほかにも、田畑、社寺など、まだまだコケを観察できるスポットは多い。田畑ではその環境にあったコケが自生している。水面を漂うカヅノゴケやイチョウウキゴケ、短い寿命で次の世代をつくるアゼゴケなど、畦にはツノゴケの仲間が見られることもある。また、鎌倉や京都などの社寺が多い地域では、スギゴケやヒノキゴケなどで彩られた美しい苔庭を観賞できる。周囲の針葉樹林では、木の根元にホソバオキナゴケ、日当たりのよい灯籠の上にはハイゴケなどが生えていたりする。さまざまな場所を探してみよう。

緑の少ない都市部でもコケは生きている。身近な場所でコケを探してみよう。

寺社の苔むした塀。日当たりのよいコンクリートでもたくましく生きるハマキゴケ。

古くから環境が変わらない社寺の石垣などもコケの宝庫。ハマキゴケやホソウリゴケなどが見られる。

道路脇のアスファルトに直接生えているハリガネゴケ。こんもりとした丸い群落をつくる。

タイル状のアスファルトの目地の部分にこんもりと生えたハリガネゴケとホソウリゴケ。

## コケ図鑑のデータ

| 育 成 | ★☆☆ やさしい | ★★☆ 普通 | ★★★ 難しい |
| --- | --- | --- | --- |
| 水 分 | ★☆☆ 少なめ | ★★☆ 中間 | ★★★ 多め |
| 照 度 | ★☆☆ 日陰 | ★★☆ 半日陰 | ★★★ 日なた |
| 流 通 | ★☆☆ 少ない | ★★☆ 中間 | ★★★ 多い |

コケ植物にはたくさんの種類があり、街中や森林、海岸、高地にいたるまで幅広く分布している。日当たりや水分量、風通しなど、それぞれの自生環境を理解することが、上手な栽培の近道だ。身近で育てやすいコケを紹介しよう。

Chapter 3

# コケの図鑑20

Bryophyta | no. 01

# シラガゴケ

分　類　マゴケ植物門・シラガゴケ科
育　成 ★☆☆　水　分 ★☆☆　照　度 ★☆☆　流　通 ★★★

シラガゴケ科のコケは乾燥に強いのが特徴だ。半日陰でやや湿度の高い場所を好み、スギの幹などに群落をつくる。ホソバオキナゴケがその代表で、乾燥時、細かな葉は白髪のように灰白色を呈するが、葉は縮れないので湿ったときと形状の差はほとんどない。また園芸用として苔庭や盆栽にも広く使われ「ヤマゴケ」とも呼ばれる。このほか、本種より葉が細くて長いアラハシラガゴケや、茎が伸びるオオシラガゴケなどが知られる。

ホソバオキナゴケの葉。茎は高さ2cmほどで枝分かれはほとんどなく直立するタイプ。葉は密生し乾くと灰白色、湿るとあざやかな黄緑色に変化する。饅頭状の群落をつくる場合が多い。

## ホソバオキナゴケ
*Leucobryum juniperoideum*

## アラハシラガゴケ
*Leucobryum bowringii*

Bryophyta | no. 02

# ハイゴケ

分　類　マゴケ植物門・ハイゴケ科
育　成　★★☆　水　分　★★☆　照　度　★★☆　流　通　★★★

日当たりのよい湿った土の上や岩上に生えるハイゴケ。乾燥にも強く、繁殖力も旺盛で都市部でも見られるポピュラーな種類だ。苔玉のおもな材料として使われることが多い。茎は匍匐して伸びるタイプで、規則的に左右に均等な枝葉を出す。湿っているときは平たく伸びるが、乾燥すると枝が内向きにカールして表情が変わる。育成には十分な明るさと風通しが必要。カルキ抜きした水を与え、水没させないようにする。

葉色は光沢のある黄緑色だが、日当たりが強いと褐色がかる。茎葉は羽根のような形で、茎の左右に均等な長さの枝をつけ、密生した小さな葉を展開させる。葉の先端は鎌状に曲がる。

## ハイゴケ
*Hypnum plumaeforme*

*Pogonatum japonicum*
セイタカスギゴケ

*Polytrichum commune*
ウマスギゴケ

*Pogonatum otaruense*
チャボスギゴケ

Bryophyta | no. 03

# スギゴケ

**分類** マゴケ植物門・スギゴケ科
**育成** ★★☆ **水分** ★☆☆ **照度** ★★☆ **流通** ★★☆

日本では約30種ほどが自生するスギゴケの仲間。茎は直立するタイプで、濃い緑色の細長い葉をもち、スギの幼木に似ていることからこの名がついた。タチゴケやコスギゴケ、ウマスギゴケ、セイタカスギゴケ、コセイタカスギゴケなどが知られ、種類によって、低地から高山まで半日陰の湿った林床などに自生する。多くは乾燥すると葉をすぐに閉じてしまうので根元はなるべく湿った状態に。ただし水没は嫌うので注意する。

タチゴケ（*Atrichum undulatum*）は比較的草丈が低く、スギゴケ科のなかでもちょっと変わった雰囲気。葉に透明感があり、葉の縁が波打つのが特徴。雌雄同株で、秋にたくさんの胞子体をつける。

*Racomitrium japonicum*
エゾスナゴケ

*Racomitrium anomodontoides*
ナガエノスナゴケ

Bryophyta | no. 04

# スナゴケ

分類　マゴケ植物門・ギボウシゴケ科
育成 ★★☆　水分 ★☆☆　照度 ★★★　流通 ★★★

ギボウシゴケ科に分類されるスナゴケの仲間。もっともポピュラーなエゾスナゴケ（通称スナゴケ）は全国の低地から亜高山帯の日当たりのよい地面や石の上などに群生している。茎は直立性。直射日光や乾燥に強く、葉は乾くと茎に螺旋状に張りつき、濡れるとすぐに展開する。育成には十分な明るさを確保するのがポイントとなる。また過剰な水分を嫌うので、基本用土の赤玉土に砂を混ぜると排水性が高まり栽培しやすくなる。

エゾスナゴケの茎は長さ2～3cmで、あまり分枝せずまっすぐ伸びる。細かな葉は放射状につき、乾くと螺旋状に張りつく。雌雄異株で秋頃に胞子体が伸びる。蒴は楕円形で、帽は長く尖る。

Bryophyta | no. 05

# シノブゴケ

**分類** マゴケ植物門・シノブゴケ科
**育成** ★★☆ **水分** ★★★ **照度** ★☆☆ **流通** ★★★

シノブゴケの名で流通する多くはトヤマシノブゴケという種類。全国的に広く分布し、扱いやすいコケのひとつだ。半日陰の湿った土や岩、樹皮、朽ち木などに群落をつくる。茎は横に這い、細かく分かれた枝に緑色〜黄緑色の葉をつける。乾燥すると縮んで色あせていく。テラリウムにも使いやすく、アクアテラリウムの水辺部分にも利用される。ほかにシノブゴケ科の仲間にはオオシノブゴケやホンシノブゴケ、ラセンゴケなどがある。

茎は横に長く匍匐し、左右に枝がつき、そこからさらに枝がついて葉をつける。枝はほぼ平面的に広がる。葉は卵形で先は急に細長くなる。雌雄異株で、蒴柄は長く、蒴は楕円形。

## トヤマシノブゴケ
*Thuidium kanedae*

Bryophyta | no. 06

# シッポゴケ

分類　マゴケ植物門・シッポゴケ科
育成 ★★☆　水分 ★★☆　照度 ★★☆　流通 ★★☆

代表種のシッポゴケのほか、オオシッポゴケやカモジゴケ、フデゴケ、シシゴケなどがシッポゴケ科の仲間だ。シッポゴケは半日陰の湿った土の上や木の根元などに群生し、大型でよく目立つ。茎はほとんど枝分かれしない直立型。仮根は白色で茎に密生する。近縁種のオオシッポゴケやカモジゴケとはよく似ているが、仮根は褐色。フワフワとしたやわらかそうな群体をつくるフデゴケは、比較的日当たりのよい、やや乾いた場所を好む。

シッポゴケ（*Dicranum japonicum*）。直立する茎は10cmに達し、葉は細長く、乾いてもあまり縮れない。雌雄異株で、胞子体は茎の先につき、蒴は横向きの円筒形。高めの湿度を好む。

## カモジゴケ
*Dicranum scoparium*

## フデゴケ
*Campylopus umbellatus*

*Dicranum nipponense*
オオシッポゴケ

タマゴケ
*Bartramia pomiformis*

Bryophyta | no. 07

# タマゴケ

**分類** マゴケ植物門・タマゴケ科
**育成** ★★☆ **水分** ★★☆ **照度** ★★☆ **流通** ★★☆

春ごろに球形の蒴をたくさんつける姿が愛らしく、人気の高いタマゴケ。半日陰〜やや日当たりのよい湿った斜面や岩の上などに塊状の群落をつくる。茎は枝分かれしない直立型。乾燥すると葉は著しく縮れてしまうが、水に浸かるのを嫌うため、栽培では用土を多めに入れて水浸しにならないように。また、高温が苦手なので夏場は冷房のきいた部屋で管理するのがおすすめだ。コケリウムでは蓋をして湿度を保つと管理しやすい。

茎は直立に立ち上がり、高さは4〜5cm。茎の表面には赤褐色の仮根がつく。葉は細い針形で乾くと縮れる。雌雄同株。球形の蒴が特徴で横向きにつく。成長は遅く、夏の高温に注意する。

*Fissidens grandifrons*
ホソホウオウゴケ

*Fissidens dubius*
トサカホウオウゴケ

*Fissidens gymnogynus*
ヒメホウオウゴケ

Bryophyta | no. 08

# ホウオウゴケ

分類 マゴケ植物門・ホウオウゴケ科
育成 ★★☆ 水分 ★★☆ 照度 ★☆☆ 流通 ★★☆

コケの草体が鳳凰の羽根に似ているホウオウゴケ科。特徴的な形状で他の科と区別がつきやすい。しかし品種は日本に40種ほどあり、地域変異も大きいため種を特定するのは難しい。オオホウオウゴケ(*Fissidens nobilis*)のほか、ホソホウオウゴケ、トサカホウオウゴケなどが近縁種。日陰〜半日陰の湿った岩上などに群生する。乾燥しても葉は縮れないが、湿っていると光沢が強くて美しい。暑さが苦手なので夏の高温に注意。

ホウオウゴケのなかではやや乾いた場所を好むトサカホウオウゴケ。茎は直立か斜めに立ち上がって枝分かれせず、葉のへりには不規則な歯がある。雌雄異株。蒴は短めの柄の先に少し傾いてつく。

Bryophyta | no. 09

# ヒツジゴケ

**分類** マゴケ植物門・アオギヌゴケ科
**育成** ★★☆ **水分** ★☆☆ **照度** ★★☆ **流通** ★☆☆

フワフワとした手触りが特徴のヒツジゴケの仲間。ハネヒツジゴケは日当たりのよい岩上や木の根元に自生し、緑色のやわらかな葉が密生する。ナガヒツジゴケは半日陰の地上などにマット状に群落をつくる。不規則に枝を出し、先端の葉が小さくなるのが特徴だ。いずれの種類も常に濡れている状態と蒸れを嫌うため、育成には適度な水分量と風通しがポイントとなる。蓋をしないオープンなテラリウムに向いている。

やわらかそうな葉がヒツジを連想させるハネヒツジゴケ。匍匐して広がり、不規則に枝を伸ばす。小さな葉は少し幅が広い卵形で、先端の葉は白銀色になる。秋頃に胞子体がつき、蒴は細長い卵形。

### ハネヒツジゴケ
*Brachythecium plumosum*

### ナガヒツジゴケ
*Brachythecium buchananii*

Bryophyta | no. 10

# フジノマンネングサ

分類　マゴケ植物門・フジノマンネングサ科
育成 ★★★　水分 ★★☆　照度 ★☆☆　流通 ★☆☆

樹木の実生苗と間違えてしまいそうな形状のコケ。地中を這う地下茎と、地中からまっすぐに伸びる直立性の茎をもっている。山地の半日陰で、湿度の高い腐植土上に生えていることが多い。よく似た種類にコウヤノマンネングサがある。いずれも個性的な姿で人気も高いが、栽培環境の変化で傷みやすく、育成は難しい。地下茎を伸ばすので用土を多めに入れて植えつけ、湿度を好むため蓋をして栽培するのがおすすめ。高温にも注意。

コウヤノマンネングサ（Climacium japonicum）。フジノマンネングサによく似ているが、細かく枝分かれせず、ひとまわり小さい印象。雌雄異株で枝分かれする茎の途中から胞子体を伸ばす。

---

### フジノマンネングサ
*Pleuroziopsis ruthenica*

*Pyrrhobryum dozyanum*

Bryophyta | no. 11

# ヒノキゴケ

**分類** マゴケ植物門・ヒノキゴケ科
**育成** ★★☆　**水分** ★★☆　**照度** ★☆☆　**流通** ★★☆

背の高い直立タイプのコケで、別名は「イタチのしっぽ」。見た目がヒノキの幼苗に似ていることからヒノキゴケの名前がついた。日陰〜半日陰の湿度の高い腐植土上や木の樹皮に生える。茎は直立し、高さは5〜10cmで、枝分かれはほとんどしない。茎のなかほどから下に褐色の仮根を密生させる。細長い葉をたくさんつけ、乾燥するとやや上向きにカールする。水没を嫌うが乾燥にも弱いため、蓋のある密閉容器で栽培するとよい。

1cmほどの細長い葉は放射状に密につき、フワフワとしたやわらかな印象。茎のなかほどの葉が最も大きく、先のほうが小さくなるので、しっぽのような形状に。雌雄異株、蒴は円筒形で横向き。

100

*Plagiomnium acutum*

Bryophyta | no. 12

# コツボゴケ

**分　類** マゴケ植物門・チョウチンゴケ科
**育　成** ★★☆　**水　分** ★★☆　**照　度** ★★☆　**流　通** ★★☆

山地のほか、都会の庭や公園などでも見られる一般的なコケ。葉が薄くて光を透過させ、蒴は提灯のように蒴柄から垂れ下がるようにしてつくチョウチンゴケ科の仲間だ。茎が横に延びる匍匐性と上に伸びる直立性を併せもっている。横に這う茎は先端が土について仮根を出し、そこから新たな茎を伸ばしていく。直立茎は頭部に生殖器官をつける。乾燥に弱いので密閉容器での栽培に向く。徒長を防ぐには適度な換気も必要になる。

明るい緑色の葉が特徴で、低地〜山地に自生。匍匐して伸びるタイプだが2〜4cmの直立茎ももつ。葉は卵形で先が尖り、上半分に鋸歯がある。雌雄異株で、円筒形の蒴は垂れ下がるようにつく。

Bryophyta | no. 13

# カマサワゴケ

| 分 類 | マゴケ植物門・タマゴケ科 |
| 育 成 ★★☆ | 水 分 ★★★ | 照 度 ★★☆ | 流 通 ★☆☆ |

水辺を好むコケのひとつで、水しぶきのかかる岩の上などに生える。山地の川辺のほか、住宅地の用水路でも見ることができる。茎は半直立性で、高さは2〜5cmで枝分かれしない。あざやかな黄緑色の葉が密につき、ある程度の塊になって群落をつくることが多い。茎の一部水に浸かる状態でも育成できるため、アクアテラリウム向き。水辺と陸地の境界部分や、水の流れが当たる場所などに配置できる。乾燥と夏場の高温には弱い。

渓流の岩に着生しているカマサワゴケ。あざやかな黄緑色の葉が水しぶきによって生き生きして見える。雌雄異株。蒴は類球形。

*Philonotis falcata*

Bryophyta | no. 14

# コカヤゴケ

分　類　マゴケ植物門・アオギヌゴケ科
育　成　★★☆　　水　分　★★★　　照　度　★☆☆　　流　通　★☆☆

日陰の湿った土や岩の上にマット状に広がる日本の固有種で、アオギヌゴケ科の仲間。匍匐するタイプで茎は横に伸び、葉はやや光沢を帯びている。茎の長さは5〜6cm、不規則に枝を出し、葉は乾燥してもあまり変化は見られない。乾燥に弱く、豊富な水を好むのが特徴で、アクアテラリウムやパルダリウム向きだ。水が流れる場所に配置するほか、密閉ケースなどで常に湿度が高い状態をキープすると育成しやすくなる。

長さ3mm程度の小さな葉は卵形で先端が尖り、少しねじれている場合が多い。雌雄同株、胞子体は長さ2cm程度、蒴は斜めにつける。

*Rhynchostegium pallidifolium*

*Taxiphyllum barbieri*

Bryophyta | no. 15

# ミズキャラハゴケ

分　類　マゴケ植物門・ハイゴケ科
育　成　★☆☆　水　分　★★★　照　度　★★☆　流　通　★★★

「ウィローモス」の名称でアクアリウム界に流通するポピュラー種。分枝の仕方やサイズの異なるタイプが存在する。河川などの水中や水際で、岩や流木に着生して生長する。環境の変化にも強くて丈夫。石や流木に糸で巻きつけて固定すると着生して繁茂する。水中では光が弱いと間延びしやすいが、陸上で育てると短いマット状に育つので、コケリウムにも最適。ただし、流通する個体は外来種のため、野外に捨てたりしないこと。

流木に着生したウィローモス。3mm程度の葉は卵形で先が尖っている。水中では茎を四方に長く伸ばしていくが、陸上では茎が短く葉が密につく。胞子体を見るのは稀。

### オオミズゴケ
*Sphagnum palustre*

Bryophyta | no. 16

# ミズゴケ

| 分 類 | マゴケ植物門・ミズゴケ科 |
| 育 成 | ★★★　水 分 ★★★　照 度 ★★☆　流 通 ★☆☆ |

半日陰の林床や山地の湿原などに自生するミズゴケの仲間は、日本では40種ほどが分布している。直立する茎は木質化して10cm以上になり、頂部から放射状に複数の枝を出す。葉には空洞になった透明な貯水細胞があり、内部に多量の水を蓄えられるようになっているのが大きな特徴といえる。密閉した環境では生長が早く徒長しやすいため、蓋なしの容器で育てるとよい。水切れに注意し、明るい場所で管理する。

ウロコミズゴケ（*Sphagnum squarrosum*）は、乾燥ミズゴケとしてランの植えつけなどに使われる種類。

Bryophyta | no. 17

# ナミガタスジゴケ

分類　ゼニゴケ植物門・スジゴケ科
育成 ★☆☆　水分 ★★★　照度 ★★★　流通 ★★☆

水生ゴケの一種で「プレミアムモス」という名で販売される。渓流の岩や流木などに着生し、比較的日当たりのよい場所を好む。溶岩石や流木に活着させたものを水中か湿度の高い陸上で栽培する。ウィローモスに比べると生長速度は遅く、頻繁なトリミングが不要で管理がしやすい。水の汚れに弱いので、溜め水で栽培する際は時々水を交換する。強めの光を当てると美しいライトグリーンに仕上がる。外来種なので栽培管理には責任を。

葉状体の長さは1〜3cm、ややまばらに規則的に2〜3回羽状に分枝する。仮根は茎の下部の腹面にまばらにつく。流通個体のなかには、ナンヨウテングサゴケも含むと思われるが識別は困難。

*Riccardia chamedryfolia*

Bryophyta | no. 18

# カヅノゴケ

分類 ゼニゴケ植物門・ウキゴケ科
育成 ★☆☆　水分 ★★★　照度 ★★★　流通 ★★☆

ウキゴケとも呼ばれる浮遊性のコケで、苔類の仲間。葉状体はとても薄く、二股に分枝し、種名はその形が鹿の角に似ることに由来する。水中では仮根をつけないが、陸上で生育するときにはまばらに仮根が生える。アクアリウムでは属名の「リシア」の名で流通する。活着性はないが、石や金網などに固定して沈水状態で生育させるのが一般的だ。また、アクアテラリウムでは水が流れる流木などに巻きつけて育てるとライトグリーンの葉が美しく生長する。

Yの字になった葉状体が特徴。水面に浮かんで漂ったり、田んぼの泥土などに生えたりする。雌雄同株で、泥土上では胞子を出す。

*Riccia fluitans*

*Marchantia polymorpha*

Bryophyta | no. 19

# ゼニゴケ

分類　ゼニゴケ植物門・ゼニゴケ科
育成　★☆☆　水分　★☆☆　照度　★☆☆　流通　★☆☆

日陰の湿った庭土や植木鉢のなかにも生えるゼニゴケは、邪魔者として扱われることの多い存在。自然の豊富な場所ではあまり見られない種類だ。葉状体は平たく、裏側には灰白色の仮根が密生する。雌雄異株で、春から夏にかけて掌状の雌器托と円盤状の雄器托をつけるのが特徴。また、葉状体にカップ状の無性芽器ができ、急速に増殖する。栽培は容易で、汚れた葉や仮根をカットして湿らせた用土に植えつける。

特徴的な雌器托をつけたゼニゴケの雌株。この傘の下に胞子をつける。葉の表面にはカップ状の無性芽器を設け、このなかにつづみ状の無性芽が多数できる。繁殖力は旺盛で人家周辺でよく見られる。

*Conocephalum conicum*

Bryophyta | no. 20

# ジャゴケ

**分類** ゼニゴケ植物門・ジャゴケ科
**育成** ★★☆　**水分** ★★☆　**照度** ★☆☆　**流通** ★☆☆

日陰の湿った岩場などを這うようにして大きな群落をつくるジャゴケ。葉状体のサイズは5〜10㎝程度で、表面にヘビの鱗のような模様がある。葉をこするとさわやかな香りが漂うのも特徴だ。雌雄異株で、春に雌器托が伸びて胞子を飛ばし、また葉の先端から新芽も出てくる。栽培には蓋のないテラリウム容器がおすすめ。赤玉土などの基本用土を入れ、土がひたひたになるくらい水を入れ、葉を押さえつけるようにして植えるとよい。

ヘビの鱗のような模様が入る葉状体の表面。裏側には灰白色の仮根がたくさん生える。雌雄異株。春に円錐形の萌が成熟して胞子を飛ばす。また、葉の先端から黄緑色の新芽も出てくる。

ジョウゴゴケ | *Cladonia chlorophaea*

# 地衣類とは

　地衣類の仲間は、外見や生育環境がコケ植物とよく似ているため、両者を混同してしまうことがよくある。さらに地衣類でも「○○コケ」という名前がつけられている場合がほとんどで、とても紛らわしい。地衣類は藻類と菌類が共生する変わった生き物。コケ植物とはまったくの別ものだ。地衣類の体を構成する菌類は、藻類に住みかを提供し、そのかわり藻類がつくる光合成産物を栄養源にしている。

　地衣類は日本で約1800種ほど知られていて、土や岩石、樹皮、人工物など、コケ植物と同じような場所に着生し生長している。まずはコケ植物の形態（P.68〜71）を理解して見分けられるようになろう。

ヤマトキゴケ | *Stereocaulon japonicum*

# コケ植物
# ではないコケ

　地衣類とは別に「コケ」の名がつく植物がある。昔、植物分類学が確立される前では土や岩、樹皮などに生える小さな植物はすべて「コケ」としてひとくくりに扱われていたのだろう。その後、コケ植物の分類がはっきりしても、シダ植物や食虫植物などのなかに「コケ」の名前が残ったものがある。とくにシダ植物のクラマゴケやコケシノブなどは、草体が小さくコケ植物の雰囲気を漂わせていて間違えやすい。

モウセンゴケ　*Drorera rotundifolia*

ムラサキサギゴケ　*Mazus miquelii*

クラマゴケ　*Selaginella remotifolia*

コケシノブ　*Hymenophyllum wrightii*

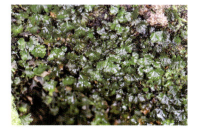

ウチワゴケ　*Crepidomanes minutum*

# コケリウムに取り入れたい植物

直射日光や乾燥を嫌い、やわらかな光と水分を好むコケ。この育成環境にぴったりあう植物は多くはない。シダ類やブロメリア類、ベゴニア、食虫植物、その他の観葉植物など、コケリウムに合わせたい個性的な植物を紹介しよう。おもに小さな株に改良された品種を選ぶとアレンジしやすい。

### イヌアミシダ
*Hemionitis arifolia*

ハート型の葉が特徴の小型シダ。水切れには弱いので、湿度を保った環境で栽培を。

### プテリス・ムルチフィダ
*Pteris multifida*

高温多湿で直射日光が当たらない場所を好むシダ。状態がよいと、盛んに新芽を出す。

### タマシダ ダッフィー
*Nephrolepis cordifolia 'Duffii'*

葉身が細長く生長する小型の園芸種。羽状の葉が放射状に広がる。

### ヒメカナワラビ
*Polystichum tsus-simense*

渓谷沿いの岩壁や石垣に自生。小羽片には短いがはっきりとした柄がある。

### ミクロソラム・ディベルシフォリウム
*Microsorum diversifolium*

ミクロソラムもシダの仲間。テラリウムでは水辺の植栽などに。

### ライムシャワー
*Nephrolepis exaltata 'lime shower'*

ピクタ作出のオリジナル品種。細かくてあざやかなライトグリーンの葉が魅力。

### フィカス・プミラ ミニマ
*Ficus pumila* 'Minima'

フィカス・プミラの小型変種。ゴムノキの仲間で、耐陰性が強く栽培しやすい。

### コケモモイタビ
*Ficus vaccinioides*

半つる性のフィカスの仲間。適度に分枝して広がっていく。耐陰性も高い。

### ミューレンベッキア・コンプレッサ
*Muehlenbeckia complexa*

ワイヤープランツと呼ばれる一般種。枝はよく伸び上に細かく枝分かれする。

### スキンダプサス
*Scindapsus* sp.

葉は小型で凹凸がある。丈夫で繁殖力も旺盛。インドネシア原産。

### ヒューケラ・ファイヤーチーフ
*Heuchera* 'Fire Chief'

小型のヒューケラで、あざやかなワインレッドの葉が特徴。

### エピスシア・ピンクヘブン
*Episcia* 'pink heaven'

熱帯アメリカに自生知るエピスシサ。葉が美しくピンクに染まる品種。

### ベゴニア・クロスティクタ
*Begonia chlosticta*

葉の模様が複雑で、とてもよく目立つ人気種。

### コリウス・ときめきリンダ
*Coleus* 'Tokimeki Linda'

小型のコリウス。多彩なカラーリーフの小型種が出回りつつある。

### ベゴニア・ラジャ
*Begonia rajah*

マレー半島が原産のベゴニアで、園芸ルートでも出回る一般種。

## コケリウムに取り入れたい植物

### セントポーリア・ホットピンクベルズ
*Saintpaulia 'Hot Pink Bells'*

ピンクの小花が咲くセントポーリアで、テラリウムにもおすすめ。

### フィットニア・レッドタイガー
*Fittonia 'Red Tiger'*

燃えるような赤色の葉柄が特長のフィットニア。

### テーブルヤシ
*Chamaedorea elegans*

一般的な小型の観葉植物で栽培しやすい。南国風の雰囲気に。

### マランタ・アマグリス
*Maranta amagris*

熱帯アメリカ原産。柄の入るシルバーの葉が特徴。半日陰を好む。

### ゴクヒメユキノシタ
*Saxifraga stolonifera*

小さなユキノシタは自然感を演出するワンポイントに。栽培は容易。

### ピレア・グラウカ
*Pilea glauca*

水分を好むピレアは、葉が小さく、テラリウムにも最適。

### キューバパールグラス
*Hemianthus callitrichoides*

水草水槽の前景としてよく使われる。テラリウムの水ぎわでも育成可能。

### アヌビアス・ミニマ
*Anubias minima*

水草でも使われるアヌビアスを小型化した品種。テラリウムのあしらいに。

### ネペンテス・アンプラリア
*Nepenthes ampullaria*

小型で丸い形の補虫袋をもったウツボカズラ。やや寒さに弱い。

ハエトリソウ
*Dionaea muscipula*

北アメリカに自生。2枚の葉で虫を捕らえるために進化した1属1種の食虫植物。

ドロセラ・ローリー
*Drosera lowriei*

葉の粘膜が輝くドロセラの仲間。球根タイプで小さな葉をロゼット状に広げる。

ピンギキュラ・エセリアーナ
*Pinguicula esseriana*

メキシコ原産のムシトリスミレ。葉の表面にある粘膜で虫を捕まえるタイプ。

チランジア・イオナンタ
*Tillandsia ionantha*

中米原産のエアプランツ。生長もはやく、強健でテラリウムにもおすすめ。

チランジア・ブラキカウロス
*Tillandsia brachycaulos*

葉が赤く紅葉するエアプランツ。比較的水分を好み、生長も速い。

クリプタンサス・ビッタータス
*Cryptanthus bivittatus*

小型で扱いやすく、赤く染まる葉はレイアウトのワンポイントに。

ネオレゲリア・プンクタティッシマ
*Neoregelia punctatissima*

細身でコンパクトなネオレゲリア。葉に入る赤紫色の斑点や縞模様が特徴。

クリプタンサス・ムーンリバー
*Cryptanthus 'MoonRiver'*

美しい葉色の園芸種。テラリウムの栽培に向いている。

ネオレゲリア・ファイヤーボール
*Neoregelia 'Fireball'*

葉の長さが10cm程度の小型種。光に当てると葉が赤く染まる。

コケリウムをつくるために必要になるアイテムやコケの入手法、
植えつけかた、置き場所、日常の管理、上手な殖やしかたまで。
はじめてでも状態よくコケを育てるための基礎レッスン。

Chapter4

# コケの育てかた

コケの育てかた

## Lesson 01

# 器と道具

コケリウムの容器は密閉できるタイプがおすすめ。道具はハサミやピンセットなどが必需品となる。

コケを育てる容器は、さまざまなタイプのものが利用できる。シンプルにコケを育てるなら、蓋つきのボトルや小さなガラスの器などがおすすめだ。さらに、コケを使って風景の一部を切り取るようなレイアウトを楽しむなら、テラリウム用の水槽やパルダリウム用のガラスケースなどを用いるとよい。道具は、水草育成用のハサミやピンセット、スポイトなどがあると便利。そのほか、霧吹きや水差し、土入れなどを用意しておこう。

コケを使った本格的なレイアウトを楽しむなら、一般的な水槽のほか、テラリウム用の水槽やパルダリウム用のガラスケースを利用する。蓋つきのガラス容器なら湿度の管理が楽になり、栽培しやすい。

植えつけ時に使用。ガラス容器で水やりに常用すると白く濁るので注意。

水やりの必需品。霧吹きよりも時短になり、容器も白く濁らない。

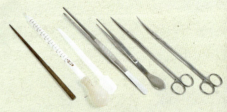

アクアリウムの水草育成用のハサミやピンセットが使いやすい。余分な水を吸い出すときにスポイトがあると便利。またコケを配置して細かな部分を抑えるときに箸などを利用する。

用土を入れるときに使う小型の土入れ。小さい器のアレンジではスプーンを使っても。

園芸用のトレー。コケの一時保存や、蒔きゴケの育苗にも用いられる。

## Lesson 02

# 用土と素材

基本用土には赤玉土かアクアソイルを。小さな天然素材のほか、テラリウム用の便利グッズも要チェック。

コケを育てる場所として用土はとても重要。水がたまる底床には、有機物の含まれない赤玉土を用いる。容器の底に水腐れ防止剤のゼオライトを少量入れておくと安心だ。このほか水草育成用に開発されたアクアソイルも便利。吸着効果が高く粒が崩れにくいメリットがある。テラリウムやパルダリウムに用いられる造形材や吸水性スポンジなどもコケ栽培に役立つグッズだ。小さな石や枝などもレイアウトの素材として取り入れてみたい。

コケ栽培の基本となる小粒の赤玉土。使用前にふるいで微塵を取り除いておくとよい。

崩れにくく保水力がある鹿沼土。色がレイアウトになじみにくいが、見えない所で使うには便利。

改良用土の燻炭。赤玉土に1割ほど混ぜると老廃物を吸着して清潔な状態を維持できる。

老廃物吸着効果のあるゼオライト。根腐れや水腐れの原因となる硫化水素の発生を予防できる。

コケの風景をナチュラルに見せる天然石。石の色や質感はさまざま。器に合わせたサイズを選ぼう。

コケリウムで重宝する溶岩石。表面に細かな凹凸があるので、コケが着生しやすい。

おもにアクアリウムで用いられる枝状の流木。小さなコケリウムでは細い枝の部分をカットして使うことも。

テラリウムでは背面や側面にも使え自由な形がつくれる造形材。コケの育成にも優れた便利アイテム。

アレンジの土台として利用される吸水性スポンジ。湿度を好むコケリウムにも。

小さなフィギュアいろいろ。レイアウトしたコケリウムにひとつ置いてみるだけで、雰囲気が一気に変わる。

コケの育てかた

ネット通販で販売されているコケのパック。コケリウムやパルダリウムで使いやすい種類を中心に販売されている。

余ったホソバオキナゴケは十分に湿らせた赤玉土の上に置き、風通しのよい日陰で管理しておくと、緑がきれいになる。

購入したコケをすぐに使用しない場合は、トレーに新聞紙を敷き、そこに並べておく。乾燥しやすい場合はビニール袋をかぶせて。

Lesson 03

## コケの入手

コケは園芸店やアクアリウムショップ、専門のネット通販店などで入手。栽培して殖やしたコケが扱いやすい。

現在では、アレンジ用にさまざまな種類のコケが流通し、園芸店やアクアリウムショップ、専門のネット通販などで販売されている。園芸店では大きなトレーで販売されているのに対し、アクアリウムショップや通販では小さなパック売りが主流だ。コケリウムでは少量でたくさんの種類を入手できるのがうれしい。山採りしたコケよりも、栽培品は虫の混入がなく、自然への影響も少ないのでおすすめだ。

直射日光が当たる場所に置くのはNG。強い光で葉が焼けたり、ボトルのなかに蒸気がこもって枯れたりする。

苔玉や小さなアレンジをガラスケースに入れて飾ると、適度な湿度が保てて管理しやすい。

暗い場所で育てるには照明を。太陽光に近いRa90の光を放つ植物育成用のLED「そだつライト」は、コケリウムに適したサイズ。3段階の調光が可能。

コケは日陰で育つイメージが強いが、室内での育成では直射日光が当たらない窓辺の明るい場所が適している。

## Lesson 04

## 置き場所

直射日光が当たらない窓辺の明るさがコケの育成には必要。暗い場所ではLEDライトの使用がおすすめ。

　コケリウムの置き場所は日当たりの具合をみて考えて決めたい。コケは真っ暗な場所では育たず、弱い光が長時間当たっている場所を好む。基本的には直射日光が当たらない窓辺がベスト。数値で表すと日中でだいたい500～1000ルクスくらいになる場所だ。携帯アプリの照度計を使って測ってみるとよいだろう。それより暗い場所で管理する場合は、LEDライトを利用する方法も。植物育成用の小型の照明器具も販売されている。

コケの育てかた

## Lesson 05

# 植えつけ

古い葉、不要な茎をカットしてから植えつけるのが基本。背が高くなるタイプのコケは、用土を多めに入れて深めに植え込むのがコツ。

コケはその形状の違いによって、茎が直立するタイプと匍匐するタイプ、地下茎をもつタイプなどに分けられる。それぞれに植えつける際のポイントが異なる。まず、コケリウムでよく使われる直立タイプのホソバオキナゴケを植えつける場合。適量のコケをつかんで、緑色の上部だけを残してカットするのがポイントだ。下の枯れた茶色い部分は不要なので取り除く。その後カットしたコケはピンセットを使って植えていく。スナゴケやスギゴケ、タマゴケなども同様に植えるとよい。

地下茎を伸ばして殖えるオオカサゴケ。

小型のビーカーに小粒の赤玉土を入れる。深めに植え込むため、用土は多めに。

用土を十分に湿らせる。土の表面を霧吹きしてから、水差しで水を加えるとよい。

オオカサゴケの地下茎をピンセットでつかむ。株がまっすぐに伸びるイメージで植えつける。

ピンセットを土のなかに押し込む。深めに入れたら手の力をゆるめ、ゆっくりピンセットを抜く。

植えつけ後。カサゴケは乾燥に弱いので上部にラップをかけて管理するとよい。

また、ヒノキゴケやシッポゴケなど茎の長いコケは用土をやや厚めに入れて植えよう。茎が匍匐するタイプのハイゴケやシノブゴケなどは、古い葉を落とし、湿った用土の上に這わせるように置くほか、下部の古い茎葉をカットしてから用土に浅く植えつけてもよい。オオカサゴケやフジノマンネングサ、コウヤノマンネングサのように地下茎を伸ばすタイプは、まず用土を多めに入れ、茎を深めに植え込むのがポイント。地下茎を伸ばすスペースも考えると、やや大きめの器で育てたい。

小さな株がコロニーをつくるホソバオキナゴケは小型のアレンジに向く品種。

コケリウムでよく利用されるホソバオキナゴケ。

小型のビーカーに小粒の赤玉土を入れ、そこに少し水が溜まるぐらい湿らせておく。

土の表面に、十分湿らせた造形材を入れる。保水効果が高いうえ、コケも植えつけやすくなる。

コケを適量つまみ、下部の茶色く枯れた部分をカットし、緑色の部分だけを使用する。

緑色の株をピンセットでつまんで軽く植えつける。このまま茎が伸びるようにして生長する。

窮屈にならない程度に植えつける。水を切らさないようにして明るい日陰で管理する。

コケの育てかた

## Lesson 06

# 水やりと施肥

コケリウムのスタイルによって水やりの方法は大きく変わる。葉が白っぽくなってきたら液肥を与えるとよい。

日常の管理で最も大切になるのが水やりだ。湿った環境を好むコケの栽培では保水性の高い用土を使用し、水切れに注意しなくてはならない。その点、蓋つきのボトルや密閉タイプの器では水やりの頻度が少なくても高い湿度が保てるため、管理がとても楽になる。蓋つきのボトルでは3週間に1度の給水でOK。蓋のないオープンスタイルの容器の場合は、毎日霧吹きや足し水を行いたい。苔玉も、まめな給水を心がけよう。また、栽培を長期にわたって続けていくと、器のなかに老

乾燥し過ぎた場合は、霧吹きで葉に直接水を与えると早く回復する。

十分な湿度を保つために、用土は常に湿っている環境にすること。水差しで行い、器の底に少し水が溜まるような分量を。

給水が面倒な場合は、水を張ったバケツに入れて十分に水を吸わせるとよい。

廃物が溜まりやすくなる。2〜3カ月に1回くらいのペースで、水を多めに入れて老廃物を洗い流す作業を行うとよいだろう。

　コケが生長してくると葉が白っぽく色あせてくることがある。このような場合には、観葉植物用の液体肥料を1000倍程度に希釈して霧吹きで与えると効果的。肥料を与えすぎると藻が発生するので注意しよう。このほか、コケの一部が茶色く枯れたり、白いカビが出てきた場合には、その部分をハサミでカットして取り除いておくようにしよう。

観葉植物用の液体肥料。葉の色が薄くなってきたときに、1000倍程度に薄めて霧吹きする。

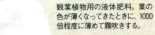

葉が白っぽく色あせてきたホソバオキナゴケ。

## 土中の老廃物を洗い流す

長期間栽培で溜まった老廃物を洗い流すため、ボトルに多めの水を入れる。

余分な水はスポイトで取り除く。とくに蓋つきボトルの場合、水が底に溜まっているとカビの原因に。

土の表面が造形材で覆われている場合は、土が移動しないため、そのまま傾けて水を流すことができる。

## ガラス容器をきれいにする

水やりを続けていると、ガラス面にカルシウム分などが付着して汚れてくる。

小さくカットしたメラミンスポンジや曇り取り用のスポンジを利用してガラス面をよく磨く。

ガラス面を磨いたら、もと通りの透明感を取り戻せる。

コケの育てかた

## ホソバオキナゴケの蒔きゴケ

園芸用のトレーに用土を入れる。底に中粒の鹿沼土、その上に小粒の赤玉土を入れ、十分に湿らせる。

ホソバオキナゴケをカットする。まずは用土が付着した黒い部分を取り除き、茎をカットしていく。

5〜10mm程度に茎をばらばらにカット。緑色の上部の葉だけではなく、茶色く枯れた部分も使える。

二つ折りにした紙の上に、細かく刻んだホソバオキナゴケをのせ、土の上に均等に蒔いていく。

蒔き終えたら、まんべんなく霧吹きする。コケを用土に押しつけるようなイメージで。

透明なビニール袋をかけておくと急な乾燥が防げる。涼しい日陰で管理する。春か秋に行うのがベスト。

大粒の鹿沼土の上に蒔きゴケしたオオシラガゴケ。大きな粒に着生していてそのままコケリウムに使用できる。

ホソバオキナゴケの上部をカットして残った株。そのまま栽培していても茎の脇から新しい芽が出てくる。

## Lesson 07

## 繁殖の方法

コケを細かくカットして用土の上にばらまく「蒔きゴケ」。効率よくコケを繁殖させる方法だ。枯れた部分やトリミングなどで取り除いた部分も活用できる。

コケリウムでの栽培に慣れてきたら、自分でコケを殖やしてみよう。コケリウムで容器いっぱいに育ったコケやトリミングでカットしたコケなどを利用して殖やすこともできる。最も効率的な繁殖方法は蒔きゴケだ。茎を細かくカットして、十分に湿らせた用土のうえに蒔いていく。先端部分だけでなく、株の茶色く枯れた部分も捨てずに一緒に蒔けば、そこからも新芽が生えてくる。新芽が出てきたら1000倍程度に薄めた液体肥料を霧吹きで与える。

【監修】
陶 武利（すえ・たけとし）
1972年、大阪府生まれ。筑波大学バイオシステム研究科卒業。有限会社ピクタ代表取締役。現在、千葉県君津市に生産ファームを構え、さまざまな種類の植物や魚類などの研究・育成を行っている。とくに、テラリウムに使い勝手のよい植物やコケなどを数多く生産。また、専門性が高くて使いやすい用土や素材、栽培用品などの開発も手がけている。自然観察会、飼育教室、テラリウムの講師としても活動している。
URL　https://www.picuta.com

【作品制作】
小野健吾（おの・けんご）
1980年、福岡県生まれ。珍しい植物や多彩なコケなどを取り扱う、インターネット通販専門店「ZERO PLANTS（ゼロプランツ）」代表。ビバリウムやパルダリウムに用いられる熱帯性植物にくわしく、またそのレイアウト技術も高い。自宅で楽しむホビー向けのほか、施設の空間演出など、さまざまな提案を行っている。本書では、ボトルアレンジや小さな器のアレンジに加え、本格テラリウムアレンジno.21の制作を担当。
URL　http://www.zeroplants.com

青木真広（あおき・まさひろ）
1981年、千葉県生まれ。千葉県松戸市にある熱帯魚専門店「アクアステージ518」のオーナー。ショップではテラリウムの作例を豊富に展示。水辺をつくるアクアテラリウムや、熱帯雨林植物をメインにしたパルダリウムなどを数多く手がけている。本書ではアレンジno.22、23、24の制作を担当。
URL　http://www.aqua518.co.jp/index.html

廣瀬泰治（ひろせ・やすはる）
1980年、千葉県生まれ。ヒロセペット谷津店の店長を務める。とくにアクアテラリウムの制作を得意とし、ジャパンペットフェアや日本観賞魚フェアの水槽レイアウトコンテストにおいてグランプリや総合優勝などのタイトルを獲得。独創的な発想と繊細な植栽が魅力で、制作における高い技術が認められている。本書ではアレンジno.26、27、28の制作を担当。
URL　http://www.hirose-pet.com

【取材撮影協力】
大野好弘（アシスガーデン）、有限会社ピクタ、アクアステージ518、ヒロセペット谷津店、アクアテイラーズ東大阪本店、増岡ファーム

【参考文献】
『原色日本蘚苔類図鑑』保育社
『フィールド図鑑コケ』東海大学出版部
『野外観察ハンドブック 校庭のコケ』全国農村教育協会
『別冊趣味の園芸 苔玉と苔』ＮＨＫ出版
『生きもの好き自然ガイドこのは No.7 コケに誘われコケ入門』文一総合出版
『苔の本』グラフィス
『知りたい 会いたい 特徴がよくわかるコケ図鑑』家の光協会

### STAFF

| | |
|---|---|
| 表紙・本文デザイン | 横田和巳（光雅） |
| イラスト | コハラアキコ |
| 写真撮影 | 五百蔵美能、平野 威 |
| 編集・執筆 | 平野 威（平野編集制作事務所） |
| 企画 | 鶴田賢二（クレインワイズ） |
| 編集担当 | 川崎憲一郎（笠倉出版社） |

# コケリウム
コケでつくるはじめてのテラリウム

2018年10月11日　初版発行

| | |
|---|---|
| 監　修 | 陶 武利 |
| 発行者 | 笠倉伸夫 |
| 発行所 | 株式会社笠倉出版社<br>〒110-8625　東京都台東区東上野2-8-7 笠倉ビル<br>☎0120-984-164（営業・広告） |
| 印刷所 | 株式会社光邦 |

©KASAKURA Publishing Co,Ltd. 2018 Printed in JAPAN
ISBN978-4-7730-8921-9

万一乱丁・落丁本の場合はお取りかえいたします。
本書の無断複写・複製・転載を禁じます。